CHRISTINE HAIDEGGER

VON DER ZÄRTLICHKEIT DER WÖRTER

CHRISTINE HAIDEGGER

VON DER ZÄRTLICHKEIT DER WÖRTER

Gedichte

Die Drucklegung dieses Buches
wurde gefördert von den Kulturabteilungen
des Landes Oberösterreich und Stadt und Land Salzburg

www.omvs.at

ISBN 978-3-7013-1277-1

Satz: Media Design: Rizner.at
Druck und Bindung: Buch Theiss GmbH, A-9431 St. Stefan
Cover: Media Design: Rizner.at

Eines Tages

Eines Tages
brichst du dein Schweigen
Wie fallendes Blut
verklebt es die Seiten
des Buches

Du blätterst
im Leuchten der Jahre
die du über-lebt hast
Alles ist gut

Ich falte mir die Welt zurecht

Im Winter
ein offenes Fenster zur Sonne
in die ich blinzle
und träume
vom Meer

Gedanken
wie Papierflieger
werf ich hinaus
in meine Landschaften
voll Wärme

Wo sie durch goldene Netze fallen
weil sich das Meer
zurückzieht
vor mir
und dem Faltenwurf der Wüsten

Es bleibt Winter
Weiß
wie leeres Papier

Die Wörter

Die Wörter
fallen über mich her
wie Blätter im Herbst
oder Schnee

Eisig
schmiegen sie sich an mich
und wollen
doch auf Papier
und auch andre umarmen
an einsamen Abenden
wie diesem

Vor den Schlagbäumen unsrer Vergangenheit

Vor den Schlagbäumen unsrer Vergangenheit
zögern wir

Wie viel Grenzen überschritten
wie viel Niemandsland
Wie viele Münzen getauscht
die sich als Blech erwiesen

Zweifel befällt uns
vor dieser neuen Liebe
Aber dann plötzlich
sind wir grenzenlos
eins

Wir beugen

Wir beugen
unsre gealterten Nacken
unter das Nachtjoch
Schnee
stiebt ums Haus

Auf den Friedhöfen
über den weißen
Klippen von Dover
trinken die Kinder
Wodka und Blut

Die sternlose Nacht
verschmilzt mit dem Meer
und wir treiben hinaus

Grenzland 1999

Das schwarzgekleidete Mädchen
bewegt sich vogelzart
durch das Weiß
der neuverschneiten Hügel

Blaue Schatten
füllen die Trittspur

Im baumlosen Tal
zeichnet der Stacheldraht
Spinnschatten
über das Eis einer Panzerspur

Auch dieses Jahr 1999

Auch dieses Jahr 1999
blühn die Kirschbäume
weiß
in den Gärten der Nachbarn

Die Grenze ist unsichtbar
Nur die Fensterhöhlen
in den zerbombten Häusern
erzählen vom Krieg

1944

Der Mann geht aus der Tür
Das Gesicht der Frau ist weiß
wie der Schneesturm
der Ostfront
der sie zur Witwe machen wird

Abends
tritt sie ans Fenster
und sucht nach dem Sternbild
nach dem auch er
allabendlich
suchen wird

Das ist ihr Versprechen

„Kassiopeia“
flüstert sie
dem schlafenden Kind zu

Die silbernen Blätter des Judasbaums

Glimmerschiefer,
das Katzengold –

Märchenschätze
trug ich in meiner Schürze nachhause
als Kind

Und doch
blieb der Brotschrank leer

Salzkammergut

Die Villen
aus Kaisers Zeiten
verbergen sich
hinter Mauern mit Efeu und Wildem Wein
Balkone
zum Bersten gefüllt mit Geranien

Irgendwo
ist immer ein See
wo noch Fischerboote
silberne Kielwellen ziehn
und in dem sich die Berge spiegeln
in denen oft Salz schläft
und keltischer Schmuck

Talauswärts
vergrabene Lutherbibeln
oder Spuren der Schmuggler und Partisanen
Und alle die Kriegerdenkmäler
und Kegelbahnen voller Geweihe

Die Sprache wird fremder
von Dorf zu Dorf
Aber jeden 18. August
wird gefeiert
Schließlich
ist Kaisers Geburtstag

Gletschersee

Schwarz
liegen die Seen
in den Wäldern

Manchmal
ziehn Wolken
durch ihre reglosen Spiegel
Am Abend
färben die Gletscher sich rot

Der Morgen
schält Bootsstege aus dem Dunkel
den Schatten des Fischers
der sein Boot rudert im Stehn
zeitlos, ein Einbaum
über dem glasigen Grün

Hangaufwärts
öffnen sich süß
die Blüten der ersten Narzissen

August

Sternschnuppen
jagen
über die Hügel
Man sitzt unter Linden
in Erinnerung
an die Sommerfrische
Bette mich
ins Herz des Orion
Lass die Hunde im Dorf
schweigen
Hinter den Holzzäunen
brechen Nachtviolen auf
Goldlack und Mohn

Der Ahorn

Der Ahorn
brennt über dem See
stahlblaue Platte im drängenden Schatten der Berge
Erste Sterne
brechen aus dem seidnen Türkis
des Abendhimmels
schwirren
libellengleich
über die lautlosen Wellen

Die Mondsichel
gleicht einem schnellenden Fisch
aus der Tiefe
wo alles still ist
und träumt

Traunsee

Zwischen den Eisschollen
treiben die Schwäne
kurviges Weiß
Wie schwarze Schlagschatten
folgen die Blässhühner
Putzen sich
grundeln
Verzückte Fremde
werfen Brot
von der Uferpromenade
während die Plätte
zurückkommt
zu den gefrorenen Netzen
vorm Bootshaus
in denen die Sonne
sich fängt
eh sie untergeht

Nur eine weiße Wolke

Nur eine weiße Wolke
steht über dem Bergkamm
Das Land ist mittagsstill
Über die hölzerne Brüstung
des Sommerfrischebalkons
wippt federleicht
eine Bachstelze
wie sonst
über die glatten Kiesel
am sonnenflirrenden Bach

Du möchtest wieder ein Kind sein
das staunt
und behütet träumt

Lautlos

Lautlos
schmiegt sich das Gras an dich
auf diesem Hügel
Bäche
mäandern im Tal
und über den Friedhöfen
erheben sich
trotzrot
die Zwiebeltürme

An Stadtmauern denkst du,
geschäftige Plätze mit Brunnen
bemalte Fassaden

Dann spiegelst du dich
in dem Teich
– wie als Kind –
Ein Sommer voller Libellen

Durch die Zäune

auf der Krone des Hügels
züngeln schwarzspitze Schatten
hangabwärts
über den leuchtenden Mohn

Am Feldweg
unter den Hecken
duckt sich ein Gedicht

Wartet
auf den Aufgang
des Mondes

Holunderduft abends

Die Karrenwege
der Kindheit
tun sich auf
In den Dörfern
sitzen die Alten
vorm Haus
hören den Brunnen im Hof
reden und singen leise
schlafmüde Enkel
auf ihren Knien

Der Vollmond
steht über den Bergen
– weiß
wie Holunder

Die Häuser

Die Häuser
ducken sich
an der Dorfstraße

Eine Woge
von Abendrot
schlägt an die Mauern

Die Linde beugt sich
unter dem Rot

Ihre fallenden Blätter
sind plötzlich
blutige Herzen

Rettenbach

Vor zwei Generationen
standen Forellen
in seinen Gumpen
die wir bloßhändig fingen
Am Ufer
auf dem Weg zur Mühle
Trollblumen und Wiesenenzian
Nun sterben sie aus
mit den Mehlprimeln
– so sagt eine Liste
und niemand
hat Heimweh danach
wie das Kind von damals:
ich

Noch blüht der Löwenzahn grell

Noch blüht der Löwenzahn grell
bis zum Waldrand
Die Kinder
warten
auf graue Ballons
während sie in der Wiese liegen
und Kreise bilden
aus Zeigefinger und Daumen
um in den Himmel zu sehn
wo Wolkenballen
dann
wie Pusteblumen erscheinen
– Fallschirme
aus Löwenzahn
die über die Wiese fliegen
über Hahnenfuß, Schafgarben,
süßlila Wiesenschaumkraut
und zartblauen Ehrenpreis
der den Regen ansagt
der sie dann in die Wälder treibt
Ein Dunkel
ohne das Leuchten des Löwenzahns

Nachmittags

Nachmittags
erwachst du
zu grauem Licht

Sprünge im Fensterglas
erweisen sich als Schneeflocken
die das Oktobergrün
der Laubbäume niederdrücken

Oktoberabend

Aus den Schrunden der Berge
brechen die ersten Schatten
Der See
liegt tief in diesem Dunkel

Darin
glimmt zitternd
der Spiegel des Abendsterns

Am Morgen
fällt Schnee

Trakltraum

Aus den schwarztoten Wäldern
zurück in das Grau
Weiß kocht der Mond
über der siebentürmigen Stadt
Schwarze Fontänen
bäumen sich auf
unter dem Zügenglöcklein
Kranker Dunst
über den Wäschelaken
Kampfergeruch
Eine Schublade ächzt
unter den Händen der Nonne
Im fahlen Zwielicht des Morgens
erwachen die Gassen
Erste Eisenreifen
schlagen Funken
in die Eile des Markttags
Nur der gebrochene Schatten
der Schwester
verstört

Besucher

Der verborgene Garten
über den Dächern der Stadt
Ranken von Rosen in Gelb und Weiß
verwehren den Zutritt
Im winkeligen Schatten der Mauer
die junge Frau
in dem hellen Kleid
schneidet Brot
Rot ist ihr Mund
wie die Blutbeeren
Ein Schattenkranz Wimpern
liegt auf den Wangen
während sie lächelt
Du möchtest die Rosen
zur Seite streifen
eintreten
ihr zu Füßen sinken
die Stirn bergen
in ihrem Schoß
und verharren
sommerlang

Der Winter

Der Winter
bläut abends die Berge
am Horizont
wie Stahl

Die Wipfel der Fichten
– schwer von Eis –
schneiden als diamantene Schwerter
in einen Himmel
wie Blut

Unter meinen Füßen

Unter meinen Füßen
knirschen Kristalle aus Eis
glänzen
wie Sterne

Der Nachthimmel
ist leer

Der Herbst

Der Herbst
blättert
schon in den Bäumen
Ahorn, Pappeln
und Wilder Wein
decken
glühend
den Boden
Unter den Blutbuchen
liegen die Blätter
wie Asche
Im Himmel
wie im Geäst
schwirren Vögel
und rufen
was sie an neuen
Klingeltönen
gelernt haben

Dieser November ist mild

Die Tage werden kürzer

Die Tage werden kürzer
wie die Schritte der Alten
die sich die Streuobstwiesen hinaufmühn
An der Haltestelle
hängen verdrehte Fahrräder
regennass

Helle Zwillingskirchtürme
tragen Kragen aus Tauben
Der Friedhof empfängt den Reisenden
mit schwarzem Granit

Wegwarten
und zartviolette Skabiosen
säumen das Gleis

In weinroten Brombeerbüschen stehen verlorene Schafe
Grellfarbene Weingärten züngeln zum Dorf
In Reih und Glied ihrer Schrebergärten
liegen fettschwarz umbrochene Schollen

Am Horizont
drehn sich die Windräder träge
zum See
wo bald der Frost
im Schilf knacken wird

Melancholisch
entzifferst du
unter den schweren Wolken
die Notenschrift
jäh einfallenden Vogelschwarms

Die kleinen Nebel

Die kleinen Nebel
über den Brombeerbüschen
am Waldrand
Der Karrenweg
zweispurig
windet sich durch die Herbstwiesen
wo Speerspitzen
roten Sauerampfers
die milchblauen Nebel durchstechen

In den Spinnennetzen
zwischen den Halmen
hängt Regen oder auch Tau

Nun reißt der Himmel auf
schiebt Wolkenschatten
über den Bach
wie gläserne Brücken
hin
zu den Birken am Ufer
dem Sternmoos im Wald

Pilzduft
und Spuren der Tiere
erahnst du

Wie eine Erinnerung
glasig und fliederfarben
drängen die ersten
Herbstzeitlosen
ans Licht

Vogelkaskaden

Vogelkaskaden
bewölken den Abendhimmel
Schwarm um Schwarm
erhebt sich
verdunkelt
das Meer
Ein Auf und Ab
von Millionen schwarzer Flügel
Ein Schwirren
Ein Rauschen
Geometrische Formen
Ellipsen
im Steigen und Fallen
Sich suchen
Sich folgen
Sich finden
und plötzlich
unvermittelt wieder
aus deinen Augen
verschwinden
Du stehst gebannt
wie verwunschen
mit deinen Füßen im Meer
wo das Plankton zu leuchten beginnt

Bergdorf

Die Schindeln kreischen
wie Flachs
diese Nacht
Die späten Fuhrwerke klirren
So ist das im Winter
bei Frost
Und das Holz der Häuser
zieht sich zusammen
daß du nicht schlafen kannst
Gegen die Frühe
drückst du das Haar
in den alten Polster
Noch einmal
hoffst du
auf Schlaf
Die Kirchenglocken
dröhnen den Kopf zu
Der Tag des Herrn
drängt durch die Fenster
um viertel vor sechs
Blau
schimmert das Tor
des Friedhofs

Auf der Schattseite

Auf der Schattseite
liegt noch Harsch in den Furchen
Der Winterhafer
steht hell und hoch
vor den
dunkel bemoosten Obstbäumen
und weißknochig
zierliche Birken

Über dem Bachufer
knistert noch Eis
Die Hunde im Dorf
sind still
während der Fremde
das Tor schließt

Krähennester

Krähennester
und Mistelzweige
Durchsichtig
stehen die Bäume im Winter
gegen den Himmel
wie fremde Schriftzeichen

Laub
modert unter den Wurzeln im Schnee
Blau
liegen die Schatten
im Eisrand der Wege

Über die schimmernden Hügel
schiebt sich die Sonne
Blutrot

Der Himmel

Der Himmel
liegt mir zu Füßen
Wärmendes Blau
wie ein Meer
Und ein Wind
hebt mich auf
trägt mich
über die Kronen der Bäume
Alles ist gut

Afrika

Sandwellen
am Strand
– wie fächernde Blütenblätter –
wo abends
noch Meer war

Weit draußen
verdunkelt ein Boot
das Aufgehn der Sonne
im Dämmer der Stille
eh die Touristen kommen

Egypt

Es ist
als könntest du
das Licht dieses Orts
trinken
den rosa Sandstein
am braungoldnen Horizont
die Felsen des Sinai
unter dem Milchweiß
der untergegangenen Sonne

Am leeren Strand
gehn jetzt die verschleierten Frauen
knietief
in das blaue
das ruhig vertraute
Meer
ihres Landes
ehe es
Nacht wird

Weit

Weit
hinter dem Horizont
liegt eine Wüste

Der Nachtmond
reißt schwarze Schatten
aus den Sicheldünen
während die Kinder der Berber schlafen
an die warme Wölbung
ihrer Tiere geschmiegt

und ein Stern
vorüberzieht
in der knisternden Stille

Am Meer sind wir frei

Die betreuten Kinder der anderen
tollen im Sand
Die Alten
sitzen reglos im Schatten

Nichts muss uns berühren
Die krasse Armut des Landes
liegt draußen
hinter dem Stacheldraht
der uns schützt
damit wir uns frei
fühlen können

Grenzgänger
in unserem Tagtraum

Du bist zu jung

Du bist zu jung
oder zu alt
um Kinder zu haben
Der Strandweg ein Zufall
die Sprache des Landes
ein Rätsel
Aber das Kind
auf dem armseligen Spielplatz
zwischen den Vorstadttrümmern
wischt seine Hände ab an den schmutzigen Kleidern
lächelt dich an
und berührt deinen Rock
Es will mit dir spielen

Auf dem Spielplatz

Auf dem Spielplatz
siehst du
die Nonnen deiner Kindheit
im langen schwarzen Habit

Beim Näherkommen
erkennst du
den Irrtum

Die jungen
türkischen Mütter
lächeln dir
freundlich zu

Ein türkischer Mond

Ein türkischer Mond
steht über den Wäldern
und mäht
seine Wiesen aus Sternen

Die fallen
als sei es August
und ein Märchen
und du könntest sie fangen

Sie würden summen
in deiner Hand
eh sie lächelnd verglühn

Montegrotto 2016

Skelettweiß
stehen die Sonnenschirme am Abend
geschlossen
wie Wächter
rund um die Pools

In den Wäldern der Hügel
schwärmen gurrend die Lachtauben
Der Mond –
zartblautransparent –
zieht sich zurück
hinter die Wolken

Von den Terrassen
der Hotels
klingt Tanzmusik

Erschreckt
bricht das Käuzchen
sein Mollrufen
während die Erde
zum ersten Mal
bebt

In der offenen Türe

In der offenen Türe
des Glashallenbades
steht der alte Hausmeister
Aus der faltigen hohlen Hand
entlässt er
lächelnd
einen verirrten Schmetterling

Nach dem Sommer am Meer

Nach dem Sommer am Meer
leuchten
die Vogelbeeren
im Herbst

Lange Wege
über die blauen Hügel
führen im Winter
ins kalte Haus

Seit unsrer Geburt
tickt eine Uhr hinter Glas
Ganz sacht
hält der Frühling sie an
Schon ist sie blind

Der Zug pflügt durch den Schnee

Bunte Hochhäuser
verkünden das Nahen der Stadt
Ihre Glasbalkone
sind leer
Nur im sechsten Stock
steht
verloren
ein Fahrrad

In Chicago

In Chicago
liegt Schnee
Die entlaubten Baumsilhouetten
sind Haarrisse
in diesem Winterhimmel
der die Farbe
der Skyscraper hat
die sich im Wasser spiegeln
und den Weg suchen
zum Meer

Der Abendwind

Der Abendwind
rafft
Wolkenbündel zur Seite

Der Vorhof
des Vollmonds
glänzt matt
während ein Flugzeug
ihn diagonal durchquert

In den Himmeln

In den Himmeln
verbrennen
Wolkenäste

Der Herbst
ist ein Spiegel im Fluss

Du
erkennst mich
Zu jeder Jahreszeit
brichst du das Eis
zwischen uns beiden

Aber die Himmel
warten auf uns
irgendwo

Das ist der Traum
Kein Gedicht
trägt uns

Dem Gras ist es einerlei

Einer kommt, lebt sein Leben
Das Gras richtet sich auf
nach seinem Schritt
wie nach Regen

Der Mensch war
wird in die Erde gebettet
Das Gras
hat Geduld
Seine Wurzeln rühren
behutsam an dieses Neue

Zwischen Erinnerungsblumen
drängt es
nach oben
der Seele des Toten nach
ins Licht

Die Schritte der Toten

Auf dem Weg
neben dem hellen Bach
hörst du
die Schritte der Toten

Hier haben wir
als Kinder
gefischt, Heini
eh du verbranntest in Prag

Unter den Bäumen hier
tranken wir noch verbotenen Wein, Odo
bevor du uns
im November verlassen hast

Am Seeufer dort
aßen wir Zuckerbrot, Mutter
Die Butter
in der orangen Bakelitdose

lag kühl
bei den Steinen
im Wasser
Und du nanntest die Täubchennestblumen
„Akelei“ eh du gingst

Abends
hat der See
die Farbe deiner Augen, Tochter
Du lächelst mir zu
im Vorübergehn
wie alle
die Unvergessenen

Die Schritte der Toten
gehn leise
über mein Herz
Bis es einst
still steht

Auf der Sommerwiese liegen

Auf der Sommerwiese liegen
und in die Baumkronen sehn

Sterbend

könntest du so
zur Landschaft werden

Der Traum

Der Traum
öffnet
die Zange der Schmerzen
Watteleicht
trägt er dich
eine kleine Weile
Fingerbereit
schwebst du
über den Qualen
vor dem Erwachen
das du hinauszögern willst

So wird es sein
sagen sie
So
wird es bleiben

Selbst die Umarmungen
werden schmerzen
und an dir reißen
wie tolle Hunde

Du entkommst nicht
Tag für Tag
und in den Nächten

Wann und wo immer
du bist
wird die Schmerzflut
der Ebbe nicht weichen

Weiß
unter der Sonne
oder dem Mond

Aus der Tür gehen

Aus der Tür gehen
ohne sich umzuwenden
Die Tür bleibt offen
In den Möbeln und Büchern
könnt ihr mein Leben suchen

Geschlossene Fenster
halten fest was da war
an Freundschaft und Liebe
über die Jahre

Gönnt euch ein Lächeln
nach meinem Tod
Ich lächle mit euch

Viermal im Jahr

Viermal im Jahr
macht sie die Reise
Die Vorwände
waren schwer, die ersten fünfzig Jahre
Ihr Mann hatte geschwiegen

Seit sie Witwe ist
schütteln nur noch die Alten
im Dorf
die Köpfe

Allerseelen. Geburtstag,
Weihnachten
und der Todestag
eines Kindes
das nur sieben Tage lebte

Immer noch
schreibt sie ihm Briefe
und blickt sich scheu um
während sie sich
mühsam bückt
und wieder eine Mulde gräbt
unter die Buchsbaumumrandung
für ihren Brief
eh sie die Erde
behutsam glättet
wie immer, seit 60 Jahren

Spätes Gedicht. Allerseelen

Wörter
Wörter flach auf Papier
Lieber würde ich
noch einmal
die Umrisse
deiner Hand
nachzeichnen können
während du lächelst

Unten ist viel Platz

Die Toten
reiben sich aneinander
Ihre spröden Knochen
mahlen das Taglicht
oder den Mond
Darin wurzeln die Gräser, die Bäume
lebt die Erinnerung
Unter den Schuhen
der Lebenden
wachsen verlorene Wörter
verlorene Leben
Regen und Tau
sind die letzte Umarmung
für alle vor uns
Geh leise
Tritt zart auf
Spür deinen Herzschlag
das Knistern
unter dem Moos
Erinnere dich
wieder und wieder

Der Tod kommt immer

Offene Türen im Sommer
laden ihn ein
so wie Mücken, die in den Obstbäumen schwärmen
und Schattenkühle suchen im Gang

Lächelnd
liegen die zahnlosen Alten
mit hängendem Mund
und den Speichelfäden
auf ihrem Sofa

Sie warten
auf den Besuch

Die Vögel

Die Vögel
krähen den Tod herbei
sagt die Großmutter
Sie sieht zum Gewehrschrank
und zieht den Vorhang zu
damit das Licht
nicht auch noch
das Sterben des Großvaters
stört

Die toten Vögel

Die toten Vögel
hängen in den Bäumen
schwarz

Weiß
leckt der Kreidemond
über die Gletscher

Das Herz
das in die Faust eines Mannes
passt
ist rot

Im Winter
knirscht Eis
unter den Dielen
über die wir nachts gehn
dem Entsetzen des Traums
zu entrinnen

Obwohl doch der Tod
nur ein sanfter
Hügel aus Gras ist

Im Tod

Im Tod
geh ich durchs Haus
Streiche über die Rücken der Bücher
rücke die Fotos zurecht
Niemand ist da
sich um die Blumen zu kümmern

Ich war eine Witwe
Kinderlos

Tot zu sein
ist doch einsam

Ein Boden

Ein Boden
aus Sternen im Winter
Im Sommer
ein Himmel aus Gras
Mein Grab
fügt sich fröhlich
darein

Mein Tod

Mein Tod
kommt nachts
schließt sanft
die Augen
die soviel Jahre
gesehn haben
dass du mich liebst

Inhaltsverzeichnis